Petra Hahn-Lütjen (Hrsg.)

WeihnachtsDuftGeschichten

von

Ilse Ammann-Gebhardt ✻ Albrecht Gralle
Andreas Malessa ✻ Katrin Schäder
Fabian Vogt ✻ Annekartrin Warnke
Kai-Uwe Woytschak ✻ Christoph Zehendner
Birthe zur Nieden ✻ Eckart zur Nieden
und anderen

BRUNNEN
Verlag Giessen · Basel

© 2011 Brunnen Verlag
www.brunnen-verlag.de
Umschlagfoto: shutterstock
Umschlaggestaltung: Sabine Schweda
Satz: DTP Brunnen
Herstellung: CPI – Ebner & Spiegel, Ulm
ISBN 978-3-7655-4132-2

Inhalt

3

Fabian Vogt

Papas Parfüm

Es DUFTET SO NACH ... Papa.

Wie bitte! Das kann doch gar nicht sein.

Erstaunt starrte Paula den Nikolaus an. Moment mal. Der alte Mann mit dem schlohweißen Rauschebart, der rauen Stimme und dem roten Kapuzenmantel, der roch genauso wie Papa.

Ja, Paula war sich ganz sicher. Das war doch dieses neue Parfüm, das Mama ihm zum ersten Advent geschenkt hatte. „Hero" hieß es.

Papa hatte beim Auspacken neckisch die Augenbrauen hochgezogen – „So so, ,Hero'" – und Mama hatte sehr lustig geguckt. Ein bisschen so, als sei sie frisch verliebt: „Na, das passt doch, mein ... Hero, mein Held."

Also so was. Das war doch ... Da kam dieser ... dieser komische Nikolaus einfach durch den Kamin, ging ins Bad und bediente sich heimlich an Papas neuem Parfüm. Was für eine Dreistigkeit!

Und eines war klar: Er hatte bestimmt nicht gefragt. Konnte er ja gar nicht. Denn Papa war noch im Büro. Mama hatte vorhin ganz traurig geklungen, als sie sich am Telefon verabschiedete. Sie hatte den Hörer aufgelegt und dann gesagt: „Och, wie schade. Du, Paula, Papa muss noch arbeiten, er kann leider nicht dabei sein, wenn der Nikolaus kommt. Wie blöd!"

Tja, und dann so was. Da nutzte dieser rote Heini die

Gelegenheit, dass Papa nicht zu Hause war, und benutzte verbotenerweise sein Parfüm. Obwohl das doch so teuer gewesen war. Ja, als Papa seine kleine Paula am ersten Advent aufgefordert hatte, den neuen Duft doch selbst mal auszuprobieren, hatte diese gleich fröhlich losgesprüht – Parfüm aufs Handgelenk, auf den Hals, auf die Füße, auf die Barbie, auf Ken – woraufhin Mama mahnend gerufen hatte: „Paula, nicht so viel. Es reicht. Da kostet jeder Tropfen ein kleines Vermögen. Das ist nur für Papa. Ab jetzt darf da keiner mehr ran. Verstanden?"

Ja, Paula hatte verstanden. Aber der hier nicht, der Nikolaus. Dieser … dieser freche Kerl. Dieser Duft-Dieb. Der stand da ganz scheinheilig vor dem Kamin, holte Apfel und Nuss und Mandelkern aus seinem Jutesack und tat so, als wäre nichts. Dabei war sein Frevel, sein Vergehen im ganzen Zimmer zu riechen.

So was … kleine Süßigkeiten verschenken und selbst Parfüm klauen.

Paula musste schlucken. Vielleicht tat sie dem Nikolaus ja Unrecht. Vielleicht hatte der einfach genau das gleiche Parfüm von seiner Frau geschenkt bekommen. Nee. Der Nikolaus hatte doch keine Frau. Oder doch? Nicola? Nikolausine? Nein, ganz bestimmt nicht.

Und wenn er sich das Parfüm selbst gekauft hatte? Auch nicht. Auf gar keinen Fall. Der Nikolaus hielt doch nicht einfach mit seinem Rentierschlitten bei der Parfümerie „Douglas" und ließ sich neuste Duftkreationen vorführen. Und wenn, dann hätten das die Zeitungen garantiert berichtet: „Nikolaus kauft ,Hero'-Parfüm." Es musste eine andere Erklärung geben.

Bestimmt hatte der Nikolaus, als er bei ihnen angekommen war, nur mal schnell aufs Klo gemusst. Klar, nach der vielen Rumfliegerei in der Kälte. Dem ewigen Sitzen in Bärenfellen. Nach all den endlosen Ho-ho-hos und der Kaminkletterei ... da hatte er in ihrem Bad das Parfüm gesehen und sich gedacht: „Ich möchte auch mal wie ein Held riechen. Nur einmal im Leben." Ja, so war das passiert.

Auf einmal tat Paula der Nikolaus leid. Unendlich leid. Dieser arme Mann. Immer unterwegs. Den ganzen Tag Geschenke verteilen. Keine Frau zu Hause. Kein Parfüm. Keine eigenen Kinder. Kein Wunder, dass er, dieses Vorbild an Anstand und Ordnung, in ihrem Bad die Nerven verloren hatte. Er war vor lauter Verzweiflung, vor lauter Sehnsucht nach Wohlgeruch über die Stränge geschlagen. Aber bestimmt nicht aus Bösartigkeit, sondern nur wegen der Umstände. Und wahrscheinlich hatte er auch eine schwere Kindheit gehabt.

Paula sprang auf, hörte ihre Mutter rufen: „Wo willst du denn hin?", aber da war sie schon in der Küche. Schnell holte sie aus der Werkzeugkiste neben der Spülmaschine den Hammer und rannte die Treppe hoch in ihr Zimmer.

Wo war es nur? Genau, da, auf dem Regal neben dem Playmobil-Schloss. Das Sparschwein. Mit einem Schlag zertrümmerte Paula die Porzellan-Sau und klaubte die Münzen aus den Scherben. Das waren – eilig zählte sie – ungefähr 11 Euro 30. Bekam man dafür ein Parfüm? Einen Flakon „Hero"? Egal. Sie musste wieder runter, bevor der Nikolaus weiterfuhr.

Im Flur tönte es schon laut: „Ho-ho, ho-ho. Hast du

deine Blockflöte geholt, um mir etwas vorzuspielen, kleine Paula?"

Paula schüttelte den Kopf. Biss sich auf die Lippen. Leise sagte sie: „Ich weiß, was du gemacht hast, lieber Nikolaus. Aber das ist nicht schlimm. Du warst halt auch mal nicht artig. Das kann jedem passieren."

Flüsternd fügte sie hinzu: „Mach dir keine Sorgen. Ich sag es keinem. Also, dass du heimlich das neue, teure Parfüm von meinem Papa benutzt hast. Und die Adventszeit ist doch eine Zeit, wo man vergeben soll. Weil Gott bald auf die Erde kommt."

Sie drückte dem Nikolaus die Münzen in die Hand: „Hier. Nimm. Mit dem Geld kannst du einen Engel losschicken, der dir das Gleiche kauft. Es heißt ‚Hero' und duftet wirklich ganz toll." Sie grinste. „Aber das weißt du ja schon. Und verrat es bitte nicht meinem Papa. Der hat nämlich gesagt: Mein Erspartes darf ich nur für was ganz, ganz Wichtiges ausgeben. Also nicht für Süßigkeiten oder Comic-Hefte oder so. Aber, es ist doch wichtig, dass der Nikolaus auch mal wie ein ‚Hero' riecht. Oder nicht? Nikolaus? Weinst du?"

Der Nikolaus nahm Paula in die Arme. Etwas zu fest, fand sie. Sie sollte sich doch nicht von fremden Männern in den Arm nehmen lassen. Obwohl: Das war ja der Nikolaus. Und er duftete so sehr nach Papa.

Hermann Traub

Als du ganz unten ankamst

als du ganz unten
ankamst
wie es tiefer
kaum noch ging
und dir
unsere dicke luft hier
entgegenschlug
da hieltest du es aus
ja, du nahmst
unseren Stallgeruch
an
und zeigtest uns
dass du für unten bist
dass du da sein willst
wo ich bin:
jesus
ich danke dir.

Andreas Malessa

Plötzlich war die Erinnerung da

„Es duftet so nach … mmhhh." Opa Jens wollte nicht unhöflich sein, als er am ersten Weihnachtsfeiertag nachmittags hereinkam. Vielleicht war die Abzugshaube über dem Herd defekt, der Glasdeckel der Bratpfanne undicht oder wegen der Kälte hatte niemand lüften wollen – jedenfalls roch es in der Wohnküche seiner Tochter beißend nach gebratenem Fisch, Knoblauch und Ingwer. Wie im Asia-Schnellfress am Bahnhof, dachte Opa Jens.

„Dein Schwiegersohn hat heute Mittag chinesisch gekocht", lächelte Andrea, gab ihm einen Kuss auf die Wange und bat ihn Platz zu nehmen. „Wolf-Rüdiger ist mit den Kindern Schlittenfahren, kommt aber sicher bald. Lass den Tee ruhig noch etwas ziehen. Apfelkuchen oder Käse-Sahne?"

„In dieser Reihenfolge, ja. Gern. Danke."

Sie ließen es sich schmecken. Vom angeblichen Vanille-Honig-Aroma in der Tasse war nichts zu spüren. Der salzig scharfe Sojageruch im Raum überlagerte alles. Jens schloss die Augen.

In der Sekunde nun, als dieser mit Kuchengeschmack gemischte Schluck Tee meinen Gaumen berührte, zuckte ich zusammen und war wie gebannt durch etwas Ungewöhnliches, was sich in mir vollzog. Und mit einem Mal war die Erinnerung da. – So beginnt doch Marcel Proust seinen Roman „Auf der Suche nach der verlorenen Zeit", dachte er, sagte aber: „Nase und Gaumen sind Erinne-rungsorgane, wusstest du das? "

„Wie kommst du denn jetzt darauf?" Andrea schüttelte irritiert den Kopf. Alte Leute können so sprunghaft sein.

„Nun ja. Chinesisch erinnert mich an nix. Nicht an Weihnachten, nicht an Mama …", Jens seufzte auf. „Sie hat am ersten Feiertag immer Gänsekeule mit Rotkohl und Knödel gemacht, weißt du noch?"

„Ach, Papa …"

Andrea hatte befürchtet, dass seine Trauer zum Thema werden könnte. Immerhin war dies sein erstes Weihnach-ten als Witwer. Gestern Abend hatte Jens sich vorbildlich zusammengenommen. Obwohl es jahrzehntelang immer ihre Mutter gewesen war, die vor dem Essen gebetet und Heiligabend die Weihnachtsgeschichte vorgelesen hatte, blieb seine Stimme fest, als diesmal er diese Rolle über-nahm. Schon wegen der Enkel.

„Und nachmittags gab's Deutschlandfahrt am Kaffee-tisch: Lübecker Marzipan, Dresdener Stollen, Aache-ner Printen, Nürnberger Lebkuchen. Heute essen wir globalisiert. Ich glaube, die Chinesen knabbern getrock-nete Sardinen zum Tee, stimmt's? Oder sind das die Japaner?"

Andrea versuchte eine humorvolle Wendung: „Wenn sie der Essensgeruch in der Küche störte, hat Mama eine geraucht, mein Lieber, vergiss das nicht!"

Beide mussten lachen.

„Stimmt. Aber daran ist sie nicht gestorben, daran nicht. Rauchen lässt Helmut Schmidt und Günter Grass zwar alt aussehen, aber auch alt werden …"

„… dabei steht auf jeder Zigarettenschachtel …", warf Andrea ein.

„… Gesundsein gefährdet das Einkommen der Ärzte und belastet die Rentenkasse!", machte Opa Jens weiter. Der verschmitzte Satiriker in ihm meldete sich zurück.

Andrea war erleichtert.

„Wusstest du", er lud sich das zweite Stück Kuchen auf den Teller, „dass es vor dem Zweiten Weltkrieg in Deutschland arabische Tabaksorten gab, die neun Prozent Haschisch enthielten?"

Andrea stand auf und kramte suchend in den Schubladen und Unterschränken der Einbauküche.

„Da hätte deine Mutter auf die Frage der Kassenfrau bei Aldi: ‚Wollen Sie ne Tüte?', antworten müssen: ‚Nee, bekifft finde ich nicht nach Hause!'"

Opa Jens lachte lauthals über seinen eigenen Witz.

Andrea kehrte zum Tisch zurück. „Mama wusste aber doch, dass es unvernünftig ist und ein schlechtes Vorbild für uns Kinder, wenn sie …" Andreas Einwand wurde vom heftigen Kopfnicken ihres Vaters unterbrochen: „Klar. $C_{10}H_{14}N_2$! Die chemische Formel für reines Nikotin. Ein tödliches Gift. Mama war eine tiefgläubige Frau mit vielen kleinen Schwächen. Ich habe vierzig Jahre drüber gespottet, aber so eine war mir – und euch übrigens auch – allemal lieber als diese politisch Korrekten heutzutage. Diese topfit Fehlerfreien, diese kerngesunden Hochglanzmuttis aus der Apotheken Umschau …"

Opa Jens hatte sich so sehr in Rage geredet, dass er nicht bemerkte, was seine Tochter mit provozierender Gelassenheit tat: Andrea fingerte eine Zigarette aus der

Schachtel, entflammte sie am Teelicht des Stövchens auf dem Tisch und nahm einen Zug.

„Bist du verrückt geworden?!" Jens legte entgeistert die Kuchengabel ab. Sprachlos. Seit wann hatte Andrea Zigaretten im Haus?! Schlagartig zurückversetzt in die Rolle eines Vaters, der seine pubertierende Tochter bei etwas Verbotenem erwischt hatte, befahl er: „Mach die aus! Wolf-Rüdiger und die Kinder können doch jeden Moment heimkommen."

„Auf Mama", sagte Andrea nur. Sie legte den Kopf in den Nacken und blies blauen Dunst in die Höhe.

Jens schossen Tränen in die Augen. Seine Unterlippe zitterte.

„Und gegen den chinesischen Essensgeruch", fügte sie hinzu. „Und damit keiner was merkt, zünden wir ein Räuchermännchen an. Aus dem Erzgebirge. Deutschlandrundfahrt am Kaffeetisch, würde Mama sagen."

Beide schauten sich an wie Kinder, die ein gemeinsames Geheimnis hüteten.

Eine eigenartige Vertrautheit, eine Kumpanei des Komplotts verband sie für einen Augenblick.

„Auf die Suche nach der verlorenen Zeit!", sagte Opa Jens und hob seine Teetasse wie zu einem Trinkspruch in die Höhe. Und auf einmal war alle Erinnerung da.

Manfred Siebald

Was hat wohl der Esel gedacht?

Was hat wohl der Esel gedacht
in der Heiligen Nacht,
als er plötzlich die Fremden sah im Stall?
Vielleicht hat er Mitleid verspürt,
hat das Bild ihn gerührt,   ˙
und er rückte zur Seite, sehr sozial.
Vielleicht packte ihn die Empörung.
Welch eine nächtliche Ruhestörung!
Kaum schlafe ich Esel mal ein,
schon kommen hier Leute herein.

Und dann lag da vor ihm das Kind,
und er dachte: Jetzt sind
es schon drei: Was ist das für eine Nacht!
Da hält mir das Kind doch zuletzt
meine Krippe besetzt.
Und er polterte völlig aufgebracht:
Ich lasse ja manches mit mir geschehen,
doch wenn sie mir an mein Futter gehen,
ist's mit der Liebe vorbei.
Und er dachte an Stallmeuterei.

Er wusste ja nicht, wer es war,
den die Frau dort gebar,
hatte niemals gehört von Gottes Sohn.
Doch wir wissen alle Bescheid
und benehmen uns heut
noch genau wie der Esel damals schon.
Denn Jesus darf uns nicht vom Schlaf abhalten,
nicht unsern liebsten Besitz verwalten.
Doch wer ihm die Türen aufmacht,
der hat jeden Tag Heilige Nacht.

Eckart zur Nieden

Der weiße König

„Es duftet so nach Kerzen", stellte Lukas fest, als er
zur Tür hereinkam.

„Ah, Lukas! Schön, dass du mich besuchst!", freute
sich sein Opa, der alte Herr Lederer, und begann, sich
mühsam aus seinem Sessel hochzustemmen.

„Rebekka kommt auch noch", sagte sein Enkel und
zog seinen Anorak aus. „Sie wollte nur eben bei ihrer
Freundin vorbeigehen. Wo wir schon mal hier sind. Die
wohnt gleich um die Ecke."

Herr Lederer schloss seinen Enkel in die Arme. „Und
eure Eltern?"

„Die kommen auch noch, wenn Papa mit der Arbeit
fertig ist."

Das Altenheimzimmer war klein, aber Herr Lederer
hatte es mit Tannenzweigen geschmückt, und die vier
Kerzen vom Adventskranz brannten. Plätzchen standen
auf dem Tisch.

Lukas setzte sich. „Darf ich ein Plätzchen …?"

„Natürlich! Nimm nur! Freust du dich schon auf
Weihnachten? Ach – dumme Frage! Sicher freust du dich!
Was wünschst du dir denn?"

„Ein ferngelenktes Auto, wie Philipp eins hat, und
noch so ein paar Sachen. Aber die Geschenke sind ja nicht
das Wichtigste."

Opa lächelte. „Woher hast du denn diese Erkenntnis?"

„Mama sagt das immer. Jeden Tag mindestens viermal."

„Na, jetzt übertreibst du aber! Was ist denn das Wichtigste? Weißt du das?"

„Klar weiß ich das. Dass Jesus geboren ist. Im Stall, und die Engel und so ..." Lukas zeigte auf die Krippe aus Olivenholz, die auf Opas Kommode stand. „Du, Opa, ich hätte eine Idee, was wir machen können: Schach spielen."

„Ach ja, ich erinnere mich, dass ich es dir mal beigebracht habe. Kannst du es denn noch?"

„Ich hab immer mal mit Papa gespielt. Aber er lässt mich immer gewinnen, als wenn ich noch ein kleines Kind wäre. Wenn du mit mir spielst, sollst du nicht extra Fehler machen."

Opa nickte. „Verstehe. Damit du, wenn du gewinnst, auch wirklich weißt, dass du Sieger bist. Also gut, dann hol mal die Figuren aus dem Schrank!"

Lukas baute das Spielbrett und die Figuren auf, dann losten sie die Farben aus. Opa spielte weiß, Lukas schwarz.

„Eigentlich spiele ich ja lieber mit den weißen Figuren", murmelte Lukas.

„Sagtest du nicht, wir wollten es genau nach den Regeln spielen?", schmunzelte Herr Lederer. Dann begann er mit dem ersten Zug.

Nachdem sie eine Weile gespielt hatten und Lukas schon einen Bauern opfern musste, knüpfte Herr Lederer noch einmal an das Gespräch von eben an. „Du hast gesagt, Lukas, das Eigentliche von Weihnachten sei das Jesuskind in der Krippe, die Engel und die Hirten ..."

„Genau. Das steht in der Bibel. Ein Mann hat es aufgeschrieben, der so heißt wie ich: Lukas."

Opa nickte. „Ja, das ist das Wichtigste. Aber nicht nur diese Geschichte. Es geht auch darum, was sie für uns bedeutet."

„Wie denn – bedeutet?"

„Ich erkläre es dir gleich. Aber jetzt muss ich mich erst mal konzentrieren, sonst nimmst du mir meine Dame weg."

„Ach so, ja, stimmt. Hatte ich gar nicht gesehen."

Eine Weile spielten sie weiter. Es wurde ein ziemlich grausames Gemetzel unter Lukas' Figuren. Herr Lederer warf immer mal einen verstohlenen Blick auf das Gesicht seines Enkels, das sich immer mehr verfinsterte. „Na, soll ich wirklich ohne Barmherzigkeit weiterspielen?", fragte er lächelnd.

„Na klar. Es macht mir nichts aus, wenn ich verliere." Sein Gesichtsausdruck und der Klang seiner Stimme straften allerdings die Worte des Jungen Lügen.

Das Spielfeld war schon ziemlich abgeräumt, da setzte Herr Lederer einen Bauern ins letzte gegnerische Feld. „So, dieser Bauer wird jetzt eine Dame."

„Wie denn – eine Dame?"

„Kanntest du die Regel noch nicht? Wenn ein Bauer bis vorne ..."

„Du, Opa, können wir nicht ... Ich weiß, ich hab gesagt, wir wollen genau nach den Regeln spielen, aber ..."

„Na schön", meinte sein Großvater. „Ändern wir einfach die Spielregeln. Und dabei erkläre ich dir, was das Wichtigste von Weihnachten ist."

„Lass uns doch erst mal fertig spielen, Opa, und dann erklärst du es mir."

„Ich will es dir ja nicht *während* des Spiels erklären, sondern *mit* dem Spiel. Pass auf! Wir durchbrechen alle Regeln und ich setze meinen König in dein Feld. Und dadurch – das ist jetzt die ganz neue Regel – wird er zu einem Bauern."

„Ach ..."

„Aber nicht zu einem *weißen* Bauern wird der weiße König, sondern zu einem schwarzen. Er gehört jetzt zu dir!" Herr Lederer tauschte die Figuren aus. „Und so ist das mit Weihnachten."

„Wieso?"

„Gott, der ewige König über Himmel und Erde, kommt herab und wird ein Mensch. Nach Gottes ewigen Regeln hätten wir alle das Spiel verloren. Genauer gesagt, wir hätten unser Leben verloren. Aber nun hat Gott die Regeln selbst durchbrochen. Jetzt haben wir die Chance zu gewinnen. Das ewige Leben zu gewinnen."

Die Tür flog auf und Rebekka stürmte herein. „Tag, Opa. Da bin ich auch. Ach – ihr spielt Schach? Opa gewinnt sicher."

Lukas meinte: „Na ja, eigentlich schon. Aber Opa hat mir grade erklärt, was das Wichtigste von Weihnachten ist."

„Beim Schachspielen? Komisch. Dann erklär du es mir mal!"

Lukas überlegte einen Augenblick.

Sein Opa sah ihn gespannt an, weil er wissen wollte, was der Enkel verstanden hatte.

Lukas stand auf. „Ich kann das nicht mit so schönen Worten erklären wie Opa. Aber ..." Er nahm den weißen König, ging damit zu den Krippenfiguren auf dem Schränkchen, nahm das Jesuskind aus der Krippe und legte die Schachfigur hinein. Der König war etwas zu groß dafür, sodass der Kopf darüber hinausragte. „So ungefähr", erklärte Lukas.

„Ich glaube, du hast es verstanden", stellte Opa fest.

„Ich nicht!", bemerkte Rebekka.

Aber da klopfte es und ihre Eltern kamen.

Kurt Marti

Einer sagte ja

ich wurde nicht gefragt
bei meiner zeugung
und die mich zeugten
wurden auch nicht
gefragt
bei ihrer zeugung
niemand wurde gefragt
außer dem Einen

und der sagte
ja

ich wurde nicht gefragt
bei meiner geburt
und die mich gebar
wurde auch nicht
gefragt
bei ihrer geburt
niemand wurde gefragt
außer dem Einen

und der sagte
ja

Christoph Zehendner

Kaufrausch

„Es DUFTET SO NACH – keine Ahnung, wonach. Ich spüre nur: Das ist der Duft, nach dem wir so lange gesucht haben. Damit werden wir unsere geschätzten Kunden endlich so lenken können, wie wir es wollen!"

Als der nette Herr im weißen Laborkittel diese triumphierenden Sätze wie Fanfaren hervorstieß, hätte mir schwanen müssen, dass ich etwas Fürchterliches angerichtet hatte. Aber damals, an diesem folgenschweren Freitagvormittag, durchschaute ich die Sache noch nicht.

Es ist lange her, Jahrzehnte. Bisher habe ich kein Sterbenswörtchen darüber verloren. Aber jetzt ist endlich die Schweigepflicht abgelaufen, zu der ich mich per Unterschrift bereit erklärt hatte. Heute darf die Wahrheit ans Licht. Ich kann endlich schonungslos berichten. Und ich werde es tun, verlassen Sie sich drauf! Sagen Sie bitte hinterher nicht: Wir haben das alles ja nicht gewusst!

Meine unglaubliche Geschichte beginnt furchtbar harmlos. Eine Anzeige in einer kleinen Regionalzeitung weckte mein Interesse: „Testpersonen gesucht. Angenehmes Arbeitsklima, gute Bezahlung." Ich war damals in der Ausbildung, musste jeden Groschen dreimal umdrehen und nutzte jede Gelegenheit zu einem Nebenjob. Darum riss ich die Anzeige aus und marschierte sofort los zu der angegebenen Adresse.

Dort traf ich auf ein unscheinbares Reihenhaus – und

davor auf eine lange Schlange von Menschen. Offensichtlich war ich nicht der Einzige, der sich als Versuchskaninchen etwas dazuverdienen wollte. Vor der Tür drängelten sich jüngere und ältere Menschen, Männer, Frauen, Kinder. Ich musste lange warten, bevor ich hereingebeten wurde und gegenüber dem Versuchsleiter einen Platz an einem niedrigen Tisch angeboten bekam.

„Machen wir es kurz, junger Mann. Wir brauchen Sie für eine kleine Revolution, einen gewaltigen Schritt für die Menschheit!", säuselte er. „Mit Ihrer Hilfe wollen wir herausfinden, unter welchen Bedingungen Menschen in der Weihnachtszeit am besten über ihren Schatten springen können. Wir wollen erforschen, wie wir ihnen helfen können, ihre inneren Blockaden zu überwinden. Wir wollen dazu beitragen, dass Skepsis und Kaufzurückhaltung einfach ausgeknipst werden. Wenn Sie wissen, was ich meine!"

Er lächelte mich geheimnisvoll an. Verschmitzt, verschwörerisch, gerissen, das war mir damals noch nicht so ganz klar. Ich verstand seine Worte und hatte doch keinen Dunst davon, was genau er eigentlich von mir wollte. Keinen Dunst. Genau, das war das richtige Stichwort, aber das wusste ich noch nicht.

„Wir erproben hier, auf welche Schlüsselreize das Kaufverhalten des Menschen am stärksten reagiert", so dozierte der Versuchsleiter weiter. „Wir wollen herausfinden, in welcher Umgebung die Menschen am liebsten ihren Geldbeutel zücken, ihre Scheine herausholen und sich viele nette Dinge zulegen – und Geschenke für Verwandte und Bekannte natürlich gleich mit!"

„Machen Sie doch gute Preise, dann kaufen die Leute", murmelte ich, mehr in mich hinein, aber der Versuchsleiter hatte es verstanden und reagierte entrüstet.

„Junger Mann, Sie müssen noch viel lernen. Die Menschen zahlen jeden Preis, wenn nur das Umfeld stimmt, in dem sie kaufen. Unsere Studien haben das längst nachgewiesen", erwiderte er scharf. „Aber jetzt genug geredet. Bitte melden Sie sich im Laborraum B 491, gleich jetzt sofort. Und dann ran an die Arbeit. Der Nächste bitte!"

Der Weg in den zweiten Stock und zu diesem Laborraum war leicht zu finden. Ich klopfte, trat ein – und befand mich plötzlich in einer völlig anderen Welt. Ein Kaufhaus im Miniformat erwartete mich. Mein Blick fiel auf eine Überfülle feinster Waren – Schals, Mützen, Pullis in allen Größen und Farben, edles Parfüm, Weihnachtskram, Kerzenständer, Glöckchen, Engelchen mit dicken Backen in Porzellan, Wachs und Marzipan, Geschenkartikel aller Art, alle geschmackvoll dekoriert an verschiedenen Ständen. Aus für mich nicht sichtbaren Lautsprechern drangen anheimelnde Weisen, Weihnachtslieder aus aller Welt. Der ganze Raum mit den Ständen und Büdchen war in ein warmes Dämmerlicht getaucht, beleuchtet nur durch Kerzen und kleine Lämpchen an den verschiedenen Ständen.

„Herzlich willkommen im Kaufabenteuer der Zukunft!", begrüßte mich eine junge Frau, die wie der Versuchsleiter im Untergeschoss einen weißen Laborkittel trug. „Sie sehen hier, wie wir bald voller Freude einkaufen werden: in kleinen, persönlich gestalteten Verkaufseinheiten, mit schönem Licht, mit leiser Musik, in angenehmer

Stimmung. Das neue Konzept ist bereits intensiv erprobt und schon nahezu perfekt. Wir brauchen Sie und die anderen, um noch eine winzige Kleinigkeit herauszufinden, das letzte Sahnehäubchen sozusagen. Helfen Sie uns bei der Suche nach dem passenden Duft – dann gehen wir in Serie und buchen die Plätze und Fußgängerzonen unserer Städte für die Adventswochen der nächsten tausend Jahre. Vorher aber müssen wir ganz eindeutig herausfinden, wie es in diesem Umfeld riechen muss!"

Stellen Sie sich meine Aufgabe in den nächsten Tagen bitte bloß nicht einfach vor: Dutzende, Hunderte von verschiedenen Duftnoten mussten wir ausprobieren. Duftnoten wie „Heuhaufen", „Frühlingsbrise", „Reife Birne" mussten wir über uns ergehen lassen und dann auf einem Fragebogen genauestens wiedergeben, was wir empfanden, wenn wir – den jeweiligen Duft in der Nase – durch die kleine Budengasse bummelten.

Erst fand ich das lustig. Doch nach wenigen Stunden merkte ich, dass ich mich auf einen richtigen Knochenjob eingelassen hatte. Ein Job, dessen Ende nicht abzusehen war. Ich hatte für drei Wochen unterzeichnet, aber sie bestürmten mich zu verlängern, verdoppelten meinen Stundensatz, damit ich ihnen weiterhin half. Ich bummelte und roch und roch und bummelte – sie fanden einfach nicht die richtige Formel, um uns Testkäufer nachhaltig zu beeinflussen.

Nach ein paar Wochen experimentierten sie mit immer ausgefalleneren Düften: „Kokosmilch", „Mango", „Ananas" hatten wir schon durch. Gerade waren die unterschiedlichsten Alkoholika an der Reihe: „Riesling",

„Baileys", „Whiskey". Die Duftnote „Rotwein mit Gewürzen", die wir am Ende eines langen Tages noch erproben wollten, mussten wir auf den nächsten Morgen verschieben. Und besiegelten damit – ohne es zu ahnen – das Schicksal der gesamten Konsumgesellschaft.

Ich trat meinen Dienst an diesem Morgen erst um 10 Uhr an. Schon ab 9 Uhr waren meine Kollegen mit sehr mäßigem Erfolg dabei, die Duftnote „Rotwein mit Gewürzen" über sich ergehen zu lassen. Eine „Schnapsidee", notierte ein Kollege auf seinem Fragebogen, „völlig an den Haaren herbeigezogen, ohne jeden emotionalen Bezug zu den angebotenen Produkten" ein anderer Testkäufer.

Dann aber stieß ich zur Gruppe der Tester dazu. Und löste in diesem Augenblick eine Bewegung aus, wie ich sie noch nie zuvor in diesem Labor oder sonst in irgendeinem Laden oder Kaufhaus beobachtet hatte: Die Testkäufer drängelten sich plötzlich um die Stände, sie legten jede Form von Zurückhaltung und Höflichkeit ab, sie grabschten nach den Angeboten, rissen Verpackungen auf, Kinder, Erwachsene, Seniorinnen und Senioren prügelten sich um Artikel, die nur noch einmal vorhanden waren. Ich stand fassungslos daneben, unfähig zu begreifen, was diesen Wahnsinn ausgelöst hatte.

Da spürte ich, dass auch mir etwas ungewohnt Neues in die Nase stieg, irgendwie süßlich und würzig zugleich, leicht und schwer, herb und lieblich. Der Duft verband sich auf das Köstlichste mit dem Klang der Musik, dem sanften Licht, der Überfülle vor meinem Auge. Und sofort spürte ich die Wirkung: „Los jetzt, kauf, kauf,

kauf!", befahl mir eine innere Stimme. Und ich rannte los, grabschte und prügelte mich mit.

Sofort nach der sensationellen Entdeckung wurde der Verkaufsleiter in den Raum gezerrt, mit offenem Mund beobachtete er seine Versuchspersonen. Dann sagte er die verhängnisvollen Sätze (die sich auf ein „Geschafft!!!" reduzieren ließen) und bat mich zu einem Vieraugengespräch. Dabei klopfte er mir unentwegt auf die Schulter und entlohnte mich fürstlich – so konnte ich mir das erste Motorrad meines Lebens leisten. Dann entließ er mich und schloss hinter mir das gesamte Labor.

Eigentlich ist meine grauenvolle Geschichte damit erzählt. Doch die Fortsetzung traf mich wie ein Hammer: Wenige Monate später, Ende November, als ich ahnungslos durch die Innenstadt schlenderte, entdeckte ich Dutzende von Ständen und Verkaufsbuden, wie ich sie aus dem Labor kannte. Und ich sah dort genau die unwürdigen Szenen vor mir, die ich schon als Versuchsperson erlebt und erlitten hatte.

Von diesem Schock habe ich mich bis heute nicht erholt. Heute aber kann ich darüber sprechen. Und ich kann Ihnen verraten, wie ich – ganz ohne Absicht – jene absolut ungewöhnliche Duftmischung kreiert habe, die heute für den Erfolg sämtlicher Weihnachtsmärkte auf der Welt garantiert.

Bevor ich meinen Arbeitstag im Labor begann, hatte ich frühmorgens in einer Metzgerei ausgeholfen. Dabei musste ich für einen großen Kunden Schnitzel braten, Würste jeder Art, Hackfleischspieße. Der Bratendunst hing mir noch in den Kleidern und im Haar. Als ich die Tür zu B 491 betrat, waren mir noch die peinlichen Fettspritzer auf meiner Hose aufgefallen.

Was ich erst viel später begriff: Mein Bratendunst verband sich offenbar mit dem gewürzten Wein zu einer unheilvollen Mischung. Und löste damit den hemmungslosen Kaufrausch aus, der seit diesem Tag die brave Menschheit für einige Wochen im Jahr in eine schier zügellose Horde von Kaufwütigen verwandelt.

Wie soll ich nur weiterleben mit dieser Last? Und wie mit der grenzenlosen Dummheit, meine Erfindung damals nicht selbst patentiert und vermarktet zu haben? Heute wäre ich reicher als Bill Gates, da bin ich sicher. Und könnte jeden Tag auf einem anderen Weihnachtsmarkt bummeln und kaufen und kaufen und kaufen …

Hanns Dieter Hüsch

Weihnachtswünsche

Wir bitten Gott den Allmächtigen,
er möge uns behilflich sein:
dass wir Weihnachten nicht
wie Karneval feiern,
dass wir das Wunder von Bethlehem nicht
mit einem Musical plus Domführung
plus Reeperbahn plus Hafenrundfahrt
und Rhein in Flammen verwechseln,
sondern dass wir die Stille und das Heilige
nicht nur in der Nacht neu entdecken –
unser kleines und endliches Sein spüren,
aber mit Jesus Christus
gleichsam neu auf die Welt kommen,
auch wenn wir schon betagt sind.
Große Freude ist uns verkündigt worden,
soll in uns leben.
Erbarmen und Zuversicht
werden uns begleiten,
Christus ist unter uns, urjung und uralt,
Freiheit und Erlösung als Geschenk.

Albrecht Gralle

Aufregende Kälte

Es DUFTET SO NACH Schnee! Ja, Sie haben richtig gehört. Es duftet nach Schnee! Ich muss es ja wissen, denn ich bin draußen, während Sie irgendwo im Warmen sitzen und in diesem Buch lesen oder es vorgelesen bekommen.

Ich dagegen trage einen roten Schal um den Hals, ein Stirnband über meinen Ohren, meine Hände stecken in den Manteltaschen, und ich komme vom Weihnachtsmarkt.

Eben habe ich noch gebrannte Mandeln gerochen, eine Glühweinwolke zog kurz an meiner Nase vorbei, aber dann, als ich über die Holzbrücke ging, unter der das dunkle Wasser am Eisufer vorbeirauschte, als ich über die verschneiten Wiesen stapfte, stieg mir der Duft nach Schnee in die Nase.

Vielleicht denken Sie jetzt: Halt, der Typ will mich reinlegen. Schnee riecht oder duftet überhaupt nicht. Das ist doch nur so eine Art gefrorenes Wasser. Und Wasser riecht nun mal zum Glück nicht. Es ist ja unter anderem dazu da, um das wegzumachen, was riecht.

Und jetzt sage ich Ihnen aber: Schnee duftet! Ja, wirklich!

Gut, sagen Sie vielleicht, dann beschreiben Sie doch mal diesen Schneeduft.

Ich will's probieren.

Also, es riecht so ein bisschen nach frisch gebügelter

Wäsche, nur dass es kalt ist. Es riecht nach Eis, kurz bevor man Aroma oder Früchte oder sonst was hineingibt, und es riecht ein bisschen nach aufregender Kälte. Aber nur, wenn man eine Hand voll Schnee nimmt und die Nase reinsteckt, denn der Schneegeruch ist sehr zart und dünn und nicht alle riechen ihn.

Ja, es gibt sie, die aufregende Kälte. Und es gibt auch eine langweilige, eklige Kälte, wenn man zu dünn angezogen ist, wenn die Kälte nass ist und unter den Pullover kriecht und in die Fußspitzen schleicht. Oder wenn die Kälte wochenlang in einem Raum ohne Fenster steht. Diese Kälte riecht muffig, abgestanden, langweilig.

Aber die aufregende Kälte ist etwas anderes.

Man geht warm eingepackt durch den duftenden Bügelwäsche-Schnee, die Gesichtshaut prickelt angenehm unter den Schneeflocken, die einem ins Gesicht wehen, und man spürt so ein offenes Gefühl, dass gleich etwas Aufregendes passieren könnte, weil es ja draußen dunkel ist, aber nicht furchtbar dunkel, weil der Schnee das winzigste Licht verstärkt.

Zum Beispiel jetzt. Ich komme von der Holzbrücke, gehe über die frisch verschneite Wiese, es ist der einundzwanzigste Dezember und ich sehe ein Licht auf der Wiese schweben, ungefähr zwanzig Zentimeter über dem Boden.

Was könnte das sein, denke ich und nähere mich dem tanzenden Licht. Vielleicht ein weißer Hund, an dessen Halsband ein Lämpchen mit Batterie hängt? Oder ist das Licht eine Wunderkerze, die im Schnee steckt? Aber als ich näher komme, sehe ich, dass es ein winziger Mensch ist, der eine kleine Lampe trägt und sie im Gehen hin und her schwenkt. Dieses Wesen ist kein Kind, sondern ein überraschend kleiner Mann mit Bart und einer grünen Pudelmütze, vielleicht einen halben Meter groß.

Ich bleibe stehen und sage: „Guten Abend!"

Er bleibt auch stehen und blickt mich von unten an. „Was guckst du so blöd?", brummt er mit tiefer Stimme. „Noch nie einen Zwerg gesehen?"

„Auf Bildern schon oder Gartenzwerge", antworte ich, „aber nie in echt. Ich ... ich dachte auch bisher, dass es Zwerge gar nicht gibt. Es gibt natürlich kleinwüchsige Menschen, aber das ist ja etwas anderes ..."

„Ja, das ist etwas anderes", sagt er. „Ich bin kein Mensch. Ich bin ein Zwerg."

„Aha!"

„Ja, unsere Art ist viel älter. Ein Probelauf sozusagen. Wie die Dinosaurier, die waren ja auch ein Probelauf. Aber zu groß."

Probelauf hört sich für mich merkwürdig an. Allmählich wird mir kalt. „Können wir vielleicht im Gehen reden", schlage ich vor.

„Oder beim Reden gehen?", murmelt er.

Witzig ist er auch noch, denke ich und frage laut: „Probelauf wofür?"

„Für die Menschen."

„Interessant."

„Ja, das ist es."

Wir stapfen durch den Schnee, und mein Zwerg hat Mühe durchzukommen.

„Wir sind ziemlich ähnlich gebaut wie ihr", sagt mein

Zwerg, „Herz, Lunge, Innereien, fünf Finger, fünf Zehen, eben das übliche irdische Muster. Der Unterschied besteht allerdings nicht nur in der Größe, sondern: Unsere Gesamtrichtung ist von Geburt an festgelegt. Es gibt entweder gute oder böse Zwerge. Keine Entwicklung möglich. Denk an den Zwerg bei Schneeweißchen und Rosenrot. Das war einer von der üblen Sorte, oder erinnere dich an Rumpelstilzchen! Aber die sieben Zwerge, zum Beispiel, die waren durch und durch gut."

„Ach!"

„Ja, da staunst du, was?"

„Allerdings!"

Ich verstehe jetzt endlich Johannes Calvin mit seiner Theologie der Prädestination. War er nicht sogar relativ klein? „Und zu welcher Sorte gehörst du?", frage ich den Winzling.

„Zu den guten."

„Da hab ich ja Glück gehabt!"

„Ich könnte aber auch ein böser Zwerg sein, der dich jetzt anlügt."

Ich betrachte ihn kritisch, so weit das möglich ist bei der Beleuchtung.

„War ein Scherz!", sagt er und lacht schnarrend. Er bleibt wieder stehen und murmelt: „Hier irgendwo muss der Einstieg sein. Zwischen den beiden Pappeln ... Aber der Schnee hat alles verweht."

„Also, nur um das besser zu verstehen", sagte ich. „Selbst, wenn du dich anstrengst, böse zu sein, schaffst du es nicht?"

„Ganz genau. Es klappt einfach nicht. Ich will einem

33

anderen Zwerg zum Beispiel ein Bein stellen und stolpere selbst. Oder ich will ihn anlügen und verhaspele mich derart, dass ich zum Schluss die Wahrheit sage."

Wahnsinn, denke ich und sage laut: „Und warum ist es bei den Menschen nicht so? Warum sind die nicht festgelegt?"

„Was?"

„Warum ist es bei den Menschen anders?"

„Na ja, ist doch klar. Also: Nachdem Gott (er lüpft kurz seine grüne Pudelmütze und verbeugt sich leicht) die Zwerge erschaffen hatte und feststellte, dass ihm dieses festgelegte Programm in Gut und Böse nicht gefiel, wollte er lieber die innere Freiheit für seine Geschöpfe. Er fühlte sich wohler, wenn die Menschen ihn freiwillig liebten. Ist ja auch irgendwie befriedigender, aber härter.

Das Konzept klappte auch am Anfang ganz gut, aber dann lief es aus dem Ruder, und er musste sich selbst aufmachen, um die Sache mit der Sünde in Ordnung zu bringen. Ich vermute, du kennst die Geschichte mit der Krippe und dem Kreuz."

Ich nicke.

„Ah, hier ist es!", ruft er aus.

„Was denn?"

„Der Eingang in unsere Höhle. Allmählich wird mir kalt und bei uns ist es wunderbar warm. Vor allen Dingen jetzt!"

„Jetzt?"

„Ja, bald feiern wir Weihnachten, denn wenn Gott nicht gekommen wäre, dann wäre hier alles kaputtgegangen und auch für uns gute Zwerge wäre es der Untergang

gewesen. Deswegen singen und tanzen wir an Weihnachten auf den Tischen, wir haben eine Trommelgruppe und
Bienenwachskerzen, die unsere Glitzerhöhlen funkeln
lassen. Wir trinken unseren Hagebuttenwein, veranstalten
Mäuserennen und erzählen uns lustige Geschichten über
die Dummheiten der Menschen." Er winkt mir zu und
verschwindet zwischen den beiden Pappeln.

Ich bleibe noch eine Weile verdutzt stehen, ärgere mich
ein bisschen, weil ich kein Bild von ihm gemacht habe,
dann stapfe ich nach Hause.

Ja, es ist schon wahr: Dieser Schneeduft mit seiner auf-
regenden Kälte steckt voller Überraschungen.

Wolfgang Poeplau

Geheimnis

Er stellt dir keine Fragen
Er macht dir keine Vorwürfe
Er kennt dich
Er lächelt dich an
Er liebt dich
Das ist das Geheimnis
von Weihnachten

Birthe zur Nieden

Kerzen, Zimt und Öl

Es DUFTETE SO NACH Weihnachten, dass Katja fast schwindlig wurde vor Glück. Sie schloss die Augen und atmete tief ein. Aus der Küche zog der Geruch der frischgebackenen Plätzchen ins Wohnzimmer herüber: süß, knusprig und nach Zimt und Vanille. Auf dem Sofatisch vor ihr brannten die Bienenwachskerzen auf dem Adventskranz, man nahm ihren zarten Duft nur wahr, wenn man dicht genug mit der Nase heranging. Sie schnupperte genießerisch und nahm gleichzeitig den harzig-grünen Geruch der Tannenzweige tief in sich auf. Man müsste die Düfte speichern können, dachte sie. Diese Adventszeit war schließlich etwas ganz Besonderes – die erste mit Niklas, nach ihrer Hochzeit. Sie freute sich so auf einen kuscheligen Adventsabend mit ihm, dass es überall in ihr kribbelte. Wo er nur blieb?

Hinter ihr öffnete sich die Tür. Endlich! Sie hielt lächelnd die Augen geschlossen und wollte Niklas eben liebevoll begrüßen – doch genau in diesem Moment zog ein neuer Geruch in einem überwältigenden Schwall in ihre Nase. Katjas Weihnachtsstimmung verflog beinahe sofort.

„Du ... stinkst", sagte sie und öffnete die Augen.

Er lachte. „Hallo Schatz. Was für eine freundliche Begrüßung!"

„Hi. Na, wenn ich dich rieche, bevor ich dich sehe ... Was ist das überhaupt, was da an dir so müffelt?"

„Bestes Motoröl", antwortete er gutgelaunt und beugte sich über die Sofalehne, um seine Frau zu küssen.

Der Gestank wurde dabei so penetrant, dass sie sich unwillkürlich wegdrehte. „Könntest du dieses beste Motoröl dann bitte schnellstens abduschen?"

„Bin ja schon auf dem Weg ins Bad. Ich wollte dir nur vorher Bescheid sagen, dass ich dein Adventsstündchen nicht vergessen habe – nur ein bisschen die Zeit beim Basteln." Er blieb in der Tür stehen und verbreitete weiterhin Garagengeruch. „Hier sieht es übrigens wunderbar weihnachtlich aus."

„Es hat auch wunderbar weihnachtlich geduftet, bevor du reinkamst", bemerkte sie spitz.

„Und was willst du mir damit jetzt sagen?" Seine Stimme klang nicht mehr so fröhlich wie eben. „Soll ich wieder gehen? Oder mein Hobby aufgeben? Es ist ja nicht so, als ob du bis heute nichts von meiner Leidenschaft für alte Mofas gewusst hättest."

„Aber du könntest etwas Rücksicht nehmen und den Overall draußen ausziehen, statt hier drin alle Weihnachtsdüfte durch Ölgestank zu ersetzen."

„Du nörgelst wie meine Oma. Weißt du was? Ich gehe jetzt duschen, und dann lege ich mich auf mein Bett und lese, dann störe ich dein Weihnachtsstündchen nicht mehr." Damit drehte er sich um und verschwand.

Katja blieb grummelnd auf dem Sofa hocken. Jetzt war die Gemütlichkeit natürlich völlig dahin. Langsam beugte sie sich vor und blies die Kerzen aus. Dabei hatte sie sich so darauf gefreut, zusammen mit Niklas den Advent zu genießen.

Der Rauch bildete elegante Schleier in der Luft, bevor er sich auflöste. Der etwas beißende Geruch, der dabei in Katjas Nase zog, gehörte einfach dazu. Komisch eigentlich, dachte sie plötzlich, dass ich den so mag. An sich ist er doch eher unangenehm. Aber er war eben ein Teil der Weihnachtsdüfte, und Weihnachten liebte sie.

Sie hörte, wie Niklas die Badezimmertür hinter sich zuknallte, und zuckte zusammen. Niklas liebte sie doch hundertmal mehr als alle Weihnachtsbräuche – sollte sie dann nicht eigentlich den Geruch von Motoröl auch mögen, wenn der nun mal zu dem geliebten Mann dazugehörte?

„Er ist aber unangenehmer als Kerzenrauch", murmelte sie ein bisschen trotzig und schlang die Arme um die Knie.

Als sie auf der Suche nach Ablenkung den Blick im Zimmer umherwandern ließ, stellte sie fest, dass der Josef in der Krippe im Regal umgefallen war. Sie schwang die Beine vom Sofa, ging hinüber und stellte ihn wieder neben Maria auf. Ochse und Esel schauten von hinten in die Krippe.

Auf einmal kam ihr ein Gedanke. *In Windeln gewickelt und in einer Krippe liegend* – die Windeln waren bestimmt nicht lange reinlich geblieben, und Ochsen, Esel, Schafe und deren Hinterlassenschaften verbreiteten bekanntlich auch nicht gerade Rosenduft …

Plötzlich fühlte sie sich beschämt. Jesus war vom Himmel in einen stinkenden Stall abgestiegen, um *Frieden auf Erden* zu bringen, und sie stritt sich mit Niklas wegen ein bisschen Motoröl.

Eilig huschte sie auf Socken über den Flur und klopfte an die Tür zum Bad. Sie hörte, wie er das Wasser abstellte.

„Was?", rief er.

Katja schmiegte die Wange an die Tür. „Du, es tut mir leid. Ich hab mich blöd benommen. Magst du nicht doch noch ins Wohnzimmer kommen, wenn du fertig bist?"

Einen Augenblick herrschte drinnen Stille, dann sagte er: „In Ordnung. Ich lasse den Overall auch draußen."

Ihr Herz hüpfte. „Ach weißt du, vielleicht nehme ich Motoröl auch einfach in meinen Weihnachtsduft-Kanon auf."

Jetzt lachte er. „Tu das. Aber jetzt muss ich erst mal das gänzlich unweihnachtlich nach Pfirsich duftende Shampoo aus meinen Haaren waschen. Hab aus Versehen deins genommen."

„Dann bis gleich, mein Pfirsich!", rief sie glücklich und lief ins Wohnzimmer zurück, um die Kerzen wieder anzuzünden.

Ursula Koch

Einen Engel wünsch ich dir

Einen Engel wünsch ich dir,
der dir unterwegs begegnet.
Einer komm und bleib bei dir,
der dir hilft und der dich segnet.

Einen Engel wünsch ich denen,
die in Traurigkeit und Sorgen
sich nach Licht und Liebe sehnen,
einen Engel heut und morgen.

Einen Engel wünsch ich uns,
dass wir von ihm sehen lernen
und die hohe, schwere Kunst:
Leises hören in dem Lärmen.

Einen Engel sende Gott
zu uns her in diesen Tagen,
dass wir seine Botschaft hören
und danach zu leben wagen.

Katrin Schäder

Tiger und Hirschhornsalz

„Es duftet so nach …, es duftet … – äh, also eigentlich", Sophie holte tief Luft, „ehrlich gesagt, duftet es gar
nicht. Jedenfalls nicht nach etwas, das ich hinterher essen
möchte. Es stinkt!"

Daniela sah etwas betreten auf die schmutzig braune,
zähe Masse, die an dem Holzlöffel klebte. Zugegeben,
lecker sah das nicht aus. Und roch auch nicht so. Eher
wie … Daniela suchte im Geiste einen nicht zu ekligen
Vergleich, fand aber keinen. Es müffelte, es miefte – wie
Schweißfüße! Und das sollte Plätzchenteig sein?! Noch
dazu ein „durch viele Generationen bewährter"? Nein,
diese Pampe hätte es viel eher verdient gehabt, mit den
Dinosauriern auszusterben. Gegebenenfalls auch vor ihnen. Hirschhornsalz-Gebäck! Brrrr!

Und so landete die ebenso undefinierbare wie unzu-
mutbare Masse im Mülleimer. Und jetzt? Woher ein
funktionierendes, einfaches und vor allem essbares Plätz-
chenrezept nehmen? Nein, natürlich sollte nicht das Rezept essbar sein, sondern das Resultat. Trotzdem …

Auch Sophie sah ratlos aus. Da war sie nun zu ihrer
neuen Kollegin gekommen, um zusammen Plätzchen für
den Adventsbasar zu backen und vielleicht beim Pastor
ein bisschen Eindruck zu schinden (Hausfrauentalent,
Kreativität, Geschmack) – und nun das! Schüchtern sah
sie zu der Älteren auf. „Ich hätte da ein Rezept von mei-

ner Oma – funktioniert immer, ganz einfach, und man kann dreißig Plätzchensorten damit machen."

Kurz danach zog ein – diesmal wirklich anheimelnder, weihnachtlicher – feiner Duft durch die Küche. Sophie und Daniela saßen geschafft am Tisch.

„Holst du uns bitte mal eine Flasche Mineralwasser? Der Kasten steht gleich um die Ecke in der Abstellkammer!"

„Klar, mach ich!" Doch gleich darauf hörte man einen spitzen, erschreckten Aufschrei. Und dann stand Sophie schon wieder in der Küche. Ohne Mineralwasser, aber mit Vorwurf im Blick.

„Warum hast du mir nicht gesagt, dass du eine Katze hast? Ich hätte fast einen Herzinfarkt bekommen!"

Daniela sagte langsam und bestimmt, so wie man ein kleines Kind korrigieren würde: „Ich habe keine Katze!"

„Nicht?"

„Nein!"

„Und was ist das da?"

Sophie zog Daniela am Ärmel zur Abstellkammer. Zwei grüne Augen funkelten aus der Dunkelheit.

Daniela knipste das Licht an.

„Mau!", machte es erschreckt, und ein dreifarbiger Vierbeiner versuchte, sich mit einem beherzten Sprung in Sicherheit zu bringen. Daniela war schneller. Und dann hatte sie eine ausgesprochen schöne, aber ziemlich unwillige Katze auf dem Arm.

„Das ist nicht deine?" Sophie verstand überhaupt nichts mehr. Und außerdem war es schon spät. Und sie müsste längst …

„Weißt du was?" Daniela lachte. „Du gehst jetzt nach Hause. Und ich versuche diese Mieze wieder an den Mann – oder die Frau – zu bringen. Okay?"

„Gebongt!" Sophie seufzte erleichtert.

„Komm gut nach Hause!" Und damit schob Daniela ihre Kollegin aus der Wohnung.

Und jetzt?

Das Fellbündel, das sie mühsam festhielt, zeigte deutlich, dass in seinen Augen der Arm eines fremden Menschen um diese Zeit – ohne ernst zu nehmendes Futter oder gar Leckerlis – der denkbar falscheste Ort war. Daniela ließ ihre Beute auf den Boden gleiten. Richtig, im Kühlschrank war doch das aufgetaute Putenschnitzel für morgen. Es wanderte – ohne erkennbare Dankbarkeit, aber in Windeseile – in den Magen des unfreiwilligen Gastes. Was tun? Ein Blick auf die Uhr – kurz vor elf! Aber egal – irgendwo in der Nachbarschaft machte sich sicher jemand Sorgen um seine Katze. Und so hob Daniela ihre Zufallsbekanntschaft wieder auf den Arm, kraulte sie ein bisschen hinter dem Ohr (was ihr ein zaghaftes Schnurren einbrachte) und machte sich dann auf die Suche. Viele Mitbewohner kannte sie noch nicht, war sie doch erst vor zwei Monaten hier einzogen. Doch wie hieß es so schön? Not kennt kein Gebot!

„Miau!", tönte es dringlich von ihrem Arm, als sie auf dem Weg ins oberste Stockwerk waren.

Als Erstes öffnete ein heftig niesender, missmutiger Herr im unmodischen Nachthemd und in den höheren Siebzigern. Nein, er habe keine Katze, nein. Und er kenne auch keinen hier im Haus, der eine hätte. Er allerdings habe eine Allergie. Hatschi und gute Nacht.

Als Zweites eine nette Brünette in den Vierzigern. „Hm, das könnte die Molly von den Lehmanns unten sein, vielleicht."

Daniela stieg noch ein Stockwerk tiefer. Das heftige „Miiiiiiaaaaau!" auf ihrem Arm kündigte schon an, dass sie diesmal an der richtigen Tür geklingelt hatte. Selbige öffnete sich, und Daniela sah sich der überarbeiteten Ausgabe von Leonardo DiCaprio gegenüber. „Molly! Da bist du ja!" Das erleichterte Fellbündel sauste in die Wohnung, und Daniela lächelte ungewohnt schüchtern.

„Ich hüte für meine Eltern die Wohnung und da muss mir der Tiger wohl irgendwie entwischt sein!", entschuldigte sich „Leo". „Sorry, ich bin Markus. Markus Lehmann."

„Daniela! Ich wohne über dir und deine Mieze hat sich wohl in der Etage geirrt."

„Muss wohl", sagte Markus. Und dann fiel ihnen beiden nichts mehr ein.

„Kommst du auch zur Christvesper?"

„Magst du Plätzchen?"

Beide hatten gleichzeitig gesprochen.

„Ja!"

Und damit war wohl – zunächst – alles gesagt.

Rolf Krenzer

Wann fängt Weihnachten an?

Wenn der Schwache
dem Starken die Schwäche vergibt,
wenn der Starke
die Kräfte des Schwachen liebt,
wenn der Habewas mit dem Habenichts teilt,
wenn der Laute
bei dem Stummen verweilt
und begreift,
was der Stumme ihm sagen will,
wenn der Leise
laut wird
und der Laute
still,
wenn das Bedeutungsvolle
bedeutungslos,
das scheinbar Unwichtige
wichtig und groß,
wenn mitten im Dunkel
ein winziges Licht
Geborgenheit,
helles Leben verspricht,
und du zögerst nicht,
sondern du
gehst,
so wie du bist,

darauf zu,
dann,
ja, dann
fängt Weihnachten an.

Kai-Uwe Woytschak

Was darf's denn sein?

Es DUFTET SO NACH … ja, richtig, nach Zimt. Nicht so intensiv wie in den Süßwarenabteilungen der Kaufhäuser. Wo man nie sicher sein kann, ob der Zimtgeruch nicht womöglich aus einem Duftspender kommt, um den Verkauf zu fördern. Sondern ganz sanft umschmeichelt der Duft meine Nase. Verspricht nicht nur einen süßen, sondern zugleich auch würzigen Genuss.

„Was darf's denn sein?" Die freundliche Stimme einer Frau jenseits der Sechzig holt mich in die Gegenwart zurück. Denn der Zimtgeruch hatte meine Gedanken für einen Augenblick in mein Elternhaus entführt, wo es in der Adventszeit auch immer so himmlisch duftete.

„Was darf's denn sein?", wiederholt die Frau ihre Frage.

Klingt so, denke ich belustigt, als ob in der gläsernen Verkaufstheke vor mir verschiedene Wurstsorten oder Weihnachtsplätzchen angeboten würden. Ich räuspere mich kurz, um mir nichts anmerken zu lassen.

„Ich möchte wiedereintreten", gebe ich schließlich zur Antwort.

„Evangelisch oder katholisch?", fragt sie zurück.

„Evangelisch."

„Gut, dann nehmen Sie doch schon mal da drüben Platz. Ich hole meinen Kollegen."

Während ich mich auf einem schwarzen Ledersessel niederlasse, fällt mir ein, was in der gläsernen Verkaufstheke ursprünglich mal präsentiert wurde: Mobiltelefone samt Zubehör. Denn irgendwann im Sommer hatte die Zeitung darüber berichtet, dass die evangelische und die katholische Kirche in einem ehemaligen Handy-Laden eine sogenannte Wiedereintrittsstelle eingerichtet hat. Für „reuige Sünder" wie mich, die irgendwann aus der Kirche ausgetreten sind und nun diesen Schritt rückgängig machen wollen.

Ein Mann mit weißem Hemd, schwarzer Weste und einer ebenso schwarzen Hose kommt mit ausgestreckter Hand auf mich zu.

„Das ist Herr Becker von der evangelischen Kirche", stellt mir die „Verkäuferin" von vorhin ihren Kollegen vor.

Spontan fühle ich mich an meinen letzten Urlaub in Süddeutschland erinnert, wo ich einige herrliche Barockkirchen besichtigt habe. Alle katholisch natürlich. Wunderbar hell, verspielt, üppig ausgestattet und ein Fest für die Sinne. Herr Becker erinnert mich dagegen eher an die nüchterne Fassade einer protestantischen Backsteinkirche in meiner norddeutschen Wahlheimat.

Trotzdem kommen wir überraschend schnell miteinander ins Gespräch. Ich erzähle ihm, dass ich in den Jahren nach meiner Konfirmation sehr aktiv in meiner Kirchengemeinde gewesen sei. Doch später, als Erwachsener, habe das irgendwann nachgelassen. Unumwunden gebe ich zu, dass ich schließlich wegen der Kirchensteuer aus der Kirche ausgetreten bin. Denn inzwischen verdiene ich ganz ordentlich und da macht auch die Kirchensteuer ein hübsches Sümmchen aus. Jetzt aber wolle ich diesen Schritt rückgängig machen.

„Das freut mich sehr", sagt Herr Becker nachdenklich und ich merke, dass er es ernst meint. Er fängt an zu erzählen, was ihm die Kirche und der Glaube an Gott bedeuten. Alles sehr persönlich. Zu persönlich für meinen Geschmack. Die Backsteinfassade beginnt zu bröckeln, denke ich. Aber nicht nur bei ihm, sondern innerlich auch bei mir. Soll ich ihm sagen, dass ich nur deshalb wieder in die Kirche eintreten möchte, weil ich einen guten Job in Aussicht habe? Für diese Stelle in der Kirchenverwaltung muss ich nun mal Mitglied der Kirche sein. Doch ich bringe es nicht fertig, ihm die Wahrheit zu sagen – dem Backstein-Becker, dieser ehrlichen Haut.

Nachdem die Formalitäten erledigt sind, erhebt er sich aus seinem Sessel und reicht mir die Hand. „Noch einmal: Herzlich willkommen in unserer Kirche und Gottes Segen mit Ihnen!", sagt er feierlich. „Und hier noch ein kleines Präsent, damit Sie merken, dass Sie von uns und von Gott wirklich geschätzt werden." Er reicht mir ein weihnachtlich verpacktes Geschenk und bringt mich bis zur Tür. Ich bedanke mich und verlasse erleichtert den Laden.

***

Drei Monate später. Ich habe den Job! Und das Geschenk von Herrn Becker war ein echter Volltreffer – in zweierlei Hinsicht. Die eine Hälfte habe ich vernascht. Denn in dem Päckchen war eine Dose mit frischgebackenen

Zimtsternen, als freundlicher Gruß von „meiner" Kirchengemeinde. Die andere Hälfte des Geschenks hängt an der Wand in meinem neuen Büro: ein kleines Kreuz aus Messing. Sozusagen ein Glaubensbekenntnis aus Metall, das mir viel bedeutet.

Johannes Jourdan

Gott kommt zu uns

Gott kommt zu uns,
wir müssen uns
nicht mehr zu ihm bemühen.
Gott kommt zu uns,
nun werden auch
im Schnee die Rosen blühen.
Gott kommt zu uns
in einem kleinen Kinde,
dass er mit dem Verlornen
sich verbinde.
Gott kommt zu uns.

Annekatrin Warnke

Auch Mütter können irren

„Es duftet so nach Weihnachten", deklamierte Ben mit viel Pathos. Dann wurde er wieder ein normaler Zwölfjähriger und kommandierte: „Los! Du musst jetzt den Engeltext sprechen!"

Seine fünfzehnjährige Cousine seufzte und schaute in das Manuskript in ihren Händen. „Weihnachtsduft – ha!", las sie laut, „damals stank es nach Stall! Nix Plätzchen und Tanne! Aber das echte Wunder von Weihnachten ist unseren Besitzern ja so was von egal! Hauptsache Romantik! Die sperren uns ein Jahr lang in eine enge Kiste und kümmern sich überhaupt nicht ernsthaft um die Krippe! Eine Unverschämtheit …!"

„Was ist das denn für'n Quatsch", unterbrach Alina ihre Lesung. „Ich denke, du bist der Hirte in einem Krippenspiel? Da gibt es doch keinen schimpfenden Engel! Was für ein blödes Stück ist das denn?"

„Moment", sagte Ben, „ich hole Caro. Die hat das Stück nämlich geschrieben." Und schon war er raus aus dem Gästezimmer, auf der Suche nach seiner großen Schwester.

Alina blieb genervt zurück. Auf Caro hatte sie nun wirklich keinen Bock. Ihre ein Jahr ältere Cousine hing ihr quer unter der Nase. Und das nicht erst seit gestern, als Alina bei Onkel und Tante eingezogen war. Da hatten in ihrem Internat schon die Weihnachtsferien begon nen. Solange Alina zurückdenken konnte, waren ihr die Vorzüge von Caro angepriesen worden. Caro ist Klassenbeste, Caro hat den Lesewettbewerb gewonnen, Caro ist Stufensprecherin – Caro hinten, Caro vorne. Alinas Mutter hatte keine Gelegenheit ausgelassen, ihrer Tochter die Nichte als leuchtendes Vorbild zu präsentieren. Den Gipfel hatte Mama sich dieses Jahr für den dritten Advent aufgehoben. „Ich wünsche mir so sehr, dass Ralf dein neuer Vater wird", hatte sie gesagt. „Deshalb brauche ich zwischen meinen Drehterminen eine Auszeit mit ihm alleine. Wir werden über Weihnachten auf die Bahamas fliegen. Du wirst eine großartige Zeit bei Onkel Theo und seiner Familie haben. Caro wird dir bestimmt gut tun."

Ja klar – Caro würde ihr gut tun. Kotz! Ausgerechnet die perfekte Caro mit ihrer perfekten Familie! Onkel Theo war Lehrer für Deutsch und Englisch, seine Frau war freiberufliche Journalistin. Die beiden hatten einen wirklich knuffigen Sohn und eine Intelligenzbestie als Tochter. Außerdem waren sie aus Überzeugung in einer komischen Freikirche aktiv, die Heiligabend dieses merkwürdige Krippenspiel der wunderbaren Caro aufführen würde. Und wohl oder übel würde Alina sich das reinziehen müssen. „Wenn du dich bei Onkel Theo ordentlich benimmst, kannst du den Schüleraustausch machen", hatte Mama kurz vor dem Bahama-Abflug am Telefon versprochen.

Es klopfte – und schon standen Caro und Ben mitten im Gästezimmer. „Du möchtest über mein Krippenspiel Bescheid wissen?", fragte Caro erstaunt.

Alina dachte an ein Jahr USA und nickte widerwillig.

„Also", sagte Caro, „stell dir Folgendes vor ..."

Und dann war Alina schon mittendrin im Stück.

Es ist der 23. Dezember – in irgendeiner kleinen Stadt in Deutschland. Ein Kind hat die Kiste mit den Krippenfiguren auf dem Dachboden gefunden. Weil es schon Schlafenszeit ist, hat es die Kiste einfach unter dem Tannenbaum ausgekippt. In der Nacht werden die Krippenfiguren lebendig.

Als Erstes rappelt sich ein kleiner Hirte vom Boden auf. Nach den vielen Monaten in der Kiste fällt es ihm schwer, auf die Füße zu kommen. Er ist ziemlich lädiert, an seinem Hirtenstab fehlt die Spitze. Dennoch klingt es begeistert, als er sagt: „Es duftet so nach Weihnachten!" Na! Da kriegt er aber vom Verkündigungsengel einen übergebraten! Weihnachtsduft passt gar nicht – und die Menschen sollten sich schämen, weil sie die Krippenfiguren nicht würdigen!

Die Heiligen Könige finden das auch. Sie sind sauer, weil ihre Kamele genau wie Ochs und Esel im Sommer in den Spielzeugbauernhof verschleppt wurden. Die unheiligen Kinder haben es sogar gewagt, Josef in den Anzug von Barbie-Ken zu stecken! Noch schlimmer aber ist – unter den Krippenfiguren sind ein Playmobilindianer und eine Barbie gelandet. Beide wurden von den Kindern einfach in die Kiste gepackt und vergessen. „Damit sind sie perfekt, um fehlende Hirten zu ersetzen", finden Maria und Josef und integrieren diese Randfiguren gegen den Willen der Weisen in die Krippenszene.

Plötzlich merken sie: Das Baby fehlt! „Ohne Jesus macht nichts einen Sinn", stellen alle erschrocken fest.

Der Playmobilindianer findet schließlich die Babypuppe. Die Weisen schämen sich. Einer, den sie nicht dabei haben wollten, hat Jesus gefunden! Und auch der Engel besinnt sich auf das Wesentliche: Er ist der Friedensbote!

„Wow!" Alina war wider Willen beeindruckt. „Das ist ein Drehbuch mit Potenzial. Da würde ich auch mitspielen."

Caro, die Autorin, freute sich über dieses Kompliment. Aber als Regisseurin war sie von Herzen froh, dass sie ihre eigenwillige Cousine nicht in der Schauspieltruppe hatte.

Am 22. Dezember fiel die Engelbesetzung aus – wegen einer kurzfristig angesetzten Blinddarmoperation. Es war für Caro nicht leicht, Alina um Hilfe zu bitten. Um ihr Stück zu retten, tat sie es trotzdem. Bei der Generalprobe war Alina als Engel dabei. Wider Willen musste Caro zugeben, dass ihrer Cousine die Schauspielerei im Blut lag. Der Engel gewann an Ausstrahlung und Charakter, die anderen Darsteller wurden dadurch ebenfalls lebendiger.

„Ich weiß nicht, was ich ohne dich gemacht hätte", sagte Caro spät an Heiligabend zu Alina.

„Meine Mutter ist der Meinung, *du* würdest immer nur *mir* gut tun", antwortete Alina.

„Tja – auch Mütter können irren." Caro lächelte verlegen.

Alina lächelte zurück.

Elisabeth Bernet

Flüchtling unter Flüchtlingen

Unterwegs sein,
keine endgültige Bleibe haben,
kein Zuhause für immer,
keine Sicherheit.
Angewiesen auf Hilfe und Wohlwollen
anderer Menschen,
angewiesen auf die Tragkraft des Esels.
Wind und Wetter, Hunger und Durst ausgesetzt,
unterwegs – wohin?

Einer weiß, was es heißt,
ein Flüchtling zu sein,
fremd,
unerwünscht, verachtet und verfolgt.
Einer hat es erlebt,
durchgemacht.
Er versteht die Flüchtenden,
Heimatlosen und Unwillkommenen.
Er sagt: Ich bin einer von euch.

Ilse Ammann-Gebhardt

Dieser altvertraute Duft …

ES DUFTET SO NACH – ja, nach Weihnachten, nach früher – ach, wie lange ist das her?! Dieser altvertraute Duft!
Hedwig sitzt in ihrem Sessel vor dem brennenden Kamin und lächelt vor sich hin. In den kräftigen Geruch des Feuers mischen sich warmer Kuchenduft und der feine, würzige Duft des Tannenbaumes, der rot-silbern geschmückt auf den Abend wartet. Die Mutter schnuppert weiter, denn das ist nicht alles: Feiner Bratenduft steigt ihr in die Nase – oh, die gefüllte Weihnachtsgans! Weihnachten, ja, es ist Weihnachten, das Fest der Freude, der altvertrauten Lieder, der unvergessenen Botschaft vom Kommen des Welterlösers, das Fest der unvergleichlichen Düfte. Erinnerungen steigen in ihr auf, alles versinkt um sie her …

***

Die Zwillinge zankten um ein Spielzeug. Sie nahm es der einen wortlos aus der Hand und gab es der anderen zurück, und sie rief Hanne zu, die beiden warm anzuziehen und für eine Stunde an die frische Luft zu gehen. Ruth und die kleine Bärbel schickte sie zu den Großeltern hinauf, und die Älteste war einkaufen.

Hedwig stand einen Augenblick still da – ein Blick auf die Uhr, sie atmete tief ein und aus. Welch ein Tag! Aber so war es immer an Heiligabend. Hundert Dinge waren noch zu machen, wie sollte sie nur fertig werden? Um drei würde der Besuch schon kommen: Die alte Diakonisse Marie und die junge Katrin, die allein und ohne Arbeit war.

Hedwig zog einen Kuchen aus dem Ofen und schob den nächsten hinein. Gut, dass die älteste Tochter heute frei hatte und ihr zur Hand gehen konnte. Sie war am Morgen schon zweimal einkaufen gewesen, jetzt stand sie beim Metzger an. Inge war siebzehn und zum ersten Mal verliebt! Hedwig seufzte unwillkürlich. Ihr Mann sah das gar nicht gerne – gelinde gesagt! Die Atmosphäre war seit Wochen gespannt. Was sollte nur werden? Inge hatte den Vater gefragt, ob sie morgen mit Klaus dessen Onkel und Tante besuchen dürfe. Der Vater hatte die Lippen zusammengekniffen und kein Wort gesagt. Natürlich war das Mädchen noch „viel zu jung", wie er meinte. Aber andere heirateten schon mit siebzehn, achtzehn. Wenn das heute nur gut ging!

Hedwig huschte durch die Wohnung, tat dies und jenes, und bald war der Kuchen fertig gebacken, die Wohnung blitzblank und alle Einkäufe erledigt.

Ruhe kehrte ein, auch die Kinder waren jetzt ruhiger … Als Schwester Marie und Katrin eintrafen, kamen auch die Schwiegereltern von oben. Der frisch aufgebrühte Bohnenkaffee duftete und Hedwig schnitt den warmen Streuselkuchen an.

Während sich alle lebhaft unterhielten und erzählten, konnten die Kinder ihre aufgeregte Erwartung kaum noch bremsen. Hedwig merkte es. Sie stand auf, betrat das Weihnachtszimmer und schaute über den Gabentisch. Nie im Leben hatte sie einen solchen Gabentisch gedeckt. Es war sechs Jahre nach dem Krieg, die große Not der Kriegs- und Nachkriegsjahre vorbei. Es gab fast alles wieder zu kaufen. Zwölf gut gefüllte Weihnachtsteller standen rundum auf dem ausgezogenen Tisch. Dazwischen und dahinter häuften sich Spielzeug und Nähkörbchen für die Kleinen, Strickwolle für die Größeren, Pullover, warme Unterwäsche und was jeder sonst brauchen konnte.

Ihr Blick fiel auf den Platz ihrer Ältesten. Dort lag eine bernsteinfarbene Handtasche von Oma, ein Schal und Glacéhandschuhe. Ach, das Mädchen war allzu schnell erwachsen geworden! Sie fühlte so stark mit der Tochter, aber – der Vater! Wieder kam die Sorge in ihr hoch. Wenn das nur gut ging!

Sie zündete die Kerzen an, schaute einen Augenblick in den stillen Glanz, löschte die Lampe und öffnete weit die Tür zum Flur. Silbern begann das Glöckchen zu läuten ... Da drängten die Kinder stumm aus der Küche, die Kleinen zuerst, die Gäste, die Großeltern. Das Glöckchen klang leise aus ...

Der Vater nahm die Gitarre und stimmte „Ihr Kinderlein kommet" an. Die kleinen und großen Stimmen fielen ein, ein Lied nach dem anderen erklang. Dann las der Vater das Weihnachtsevangelium vor. Alle lauschten und schauten traumbefangen in das stille Flackern der Kerzen, das silbrige Glitzern und Schimmern von Kugeln und Lametta. Bald aber ließen sich die Kleineren kaum noch halten, denn da stand ein Tisch voll herrlicher Dinge!

Mitten in dem Geschenketrubel sah Hedwig, wie ihr

Mann zu seiner Ältesten ging, sie in die Arme nahm und ihr frohe Weihnachten wünschte. Und sie erriet mehr, als sie die Worte verstand, dass er sagte: „Ihr könnt morgen den Onkel und die Tante besuchen gehen!"

Ein Mädchengesicht leuchtete auf und vom Herzen der Mutter fiel eine schwere Last: Oh Inge, mein Kind! Alles, alles wird gut werden! – Und es war Weihnachten, das Fest der Freude und des Friedens, das Fest der wunderbaren Düfte …

***

„Mutter!" Wie von weit kommt die Stimme.

Hedwig sieht auf.

„Mutter, was ist mit dir?"

„Inge – du bist's?"

Inge lacht und hilft ihr aufstehen. Denn die Mutter ist alt geworden, sehr alt, aber doch klar im Denken.

„Ich war so weit weg." Hedwig lächelt. „Erinnerst du dich noch? Weihnachten damals …? Du und Klaus?"

Die Tochter drückt ihren Arm fester und die Mutter meint warm: „Und weißt du denn, wie wundervoll es hier duftet? Genau wie damals. Weißt du das?"

Erwin Brezing

Ein Christ singt wieder Stille Nacht

Ein Christ singt wieder „Stille Nacht".
Geschlagen ist sie nun, die Schlacht
der hektisch lauten Weihnachtswochen,
es hat der Rummel sich verkrochen;
und froh, dass das Geschäft geblüht,
dreht man auf Stimmung das Gemüt.

Das Christkind aus dem Warenhaus,
es teilte seine Gaben aus.
Um Wohlstand recht zur Schau zu tragen,
hielt vor dem Haus ein Möbelwagen.
Daraus entlud man Stück um Stück
des Inventars zum Weihnachtsglück,

bis dann der Weg total verstellt
für ihn, den Heiland dieser Welt.
Lasst euch im Festtagslärm nicht stören,
sonst könntet ihr sein Klopfen hören!
Ob wohl der „holde Knabe" lacht
beim dritten Vers von „Stille Nacht"?

Rechtenachweis

Margret Heine (Hrsg.)

Der verlorene König

Die schönsten
Weihnachtserzählungen

176 Seiten, Hardcover
ISBN 978-3-7655-1765-5

In der Advents- und Weihnachtszeit sind viele Menschen
auf der Suche nach Geschichten, die das Herz weiten und
auf das Fest einstimmen: als Geschenk für liebe Menschen
oder weil sie eine Feier oder Andacht gestalten wollen.
Margret Heine war als Leiterin von Frauenkreisen lange
Jahre auf der Suche nach guten Geschichten. Die Schätze,
auf die sie im Lauf ihrer Suche gestoßen ist, präsentiert sie
in dieser Sammlung von weihnachtlichen Erzählungen.

Mit Texten von Agatha Christie, Peter Spangenberg,
Christa Spilling-Nöker, Werner Reiser, Selma Lager-
löf, Arno Surminski, Katherine Allfrey, Ernst Schnabel,
Rudolf Otto Wiemer und anderen.

BRUNNEN VERLAG GIESSEN
www.brunnen-verlag.de